Peter Hohl - Joaquín Busch

SEID FROH, WENN'S SCHWIERIG IST...

An der Entscheidung, welche neuen Sprüche von Peter Hohl in dieses Buch aufgenommen und von Joaquín Busch illustriertwerden sollten, haben über das Internet mitgewirkt:

Manuela Adamek, Nadja Anthes-Ploch, Daniel Beer, Thomas Berger, Dr. Adi Bost, Caroline Brech, Dorothee Brech , Hans Peter Brugger , Christoph Cordes, Carmen Costeniero, Dr. Henry de Buhr, Mario Dietmann, Daniel Eichenberger, Petra Eisenbeis-Trinkle, Franz Esser, Sabine Funda, Sibylle Gisbert, Marion Greulich, Susanne Haubrich, Karin Hensel, Familie Herold, Andreas Hey, Kay Hildebrandt, Astrid Jung , Angelika Karcher , Gisela Kiefer, Dirk Knück, Alfred Köst, Karin List, Helge Johannes Lotz, Dr. Werner Lüthgen, Joachim Mai, Gerd Malchus , Nina Malchus , Marion Mohrs, Ernst Müller, Michael Nausch, Wolfram Nolte, Philipp Precht, Konrad Radinger, Kai Rannenberg, Gerhard Reichel, Heiner Ritzenhofen, Maike Ritzenhofen, Michael Roemer , Georg Schäfer, Wolfgang Schäfer, Jörn Schönborn, Steffen Schulz , Petra Seibold, Ute Singer, Oliver Sluke, Elke Spiegelhalter, Klaus Spitzer, Hans-Jürgen Stritter, Margret und Gerhard Trojer, Markus Vogelsberger, Reinhard Zinser - und Karin Janke.

Danke an Gerhard und Brigitte Reichel - ihr wisst schon, wofür!

Seid froh, wenn's schwierig ist...

52 ganz neue illustrierte Wochensprüche
von Peter Hohl und Joaquín Busch

SecuMedia Verlag, Ingelheim

Die Deutsche Bibliothek
CIP-Einheitsaufnahme

Seid froh, wenn's schwierig ist... :
52 ganz neue Wochensprüche /
von Peter Hohl und Joaquín Busch.-
Ingelheim : SecuMedia-Verl., 2001

ISBN 3-922746-62-4

ISBN 3-922746-62-4

Postfach 1206, D 55205 Ingelheim
E-Mail: peter.hohl@t-online.de
http://www.wochenspruechе.de

Vertrieb: SecuMedia Verlags-GmbH
Postfach 1234, D-55205 Ingelheim
E-Mail: vertrieb@secumedia.de
http://www.secumedia.de

Design, Illustrationen, Umschlagseiten und Layout: Joaquín Busch

Herstellung: Franz W. Wesel, 76534 Baden-Baden

Printed in Germany

Vorwort

Beim Erscheinen dieses Buches hatten die ersten beiden Sprüchebände des Autorengespanns Hohl/Busch bereits eine Auflage von 40.000 Exemplaren erreicht. "Lieber ein Optimist, der sich mal irrt..." und "Ein Mittel gegen Einsamkeit..." liegen in über 1000 deutschen Zahnarzt-Wartezimmern, sie finden sich aber auch auf einem Wohnzimmertisch in Atlanta, in einem Büro in Madrid, auf einem Nachttisch in Malmö, sie lösen in einem Zug in Indien Diskussionen aus und sie führen einen wachsenden weltweiten Freundeskreis Woche für Woche auf die Internetseite **www.wochenspruche.de**.

Eine umfangreiche E-Mail-Korrespondenz mit Lesern (peter.hohl@t-online.de) hat uns viele interessante Menschen kennenlernen lassen. Manche haben uns ihr Exemplar mit ihren Gedanken und Kommentaren zurückgeschickt. Und wir haben gestaunt, welche ungehobenen Schätze an Weisheit und Erkenntnis sich da offenbarten. So wie Peter Hohls Sprüche und Joaquín Buschs Illustrationen keine Zitate, sondern originale Schöpfungen sind, so sind auch die Gedanken der Leser, die in diesem fruchtbaren Dialog entstehen, oft ganz neu und eigen. Zum Beispiel: "Mein Vater sagte einmal zu mir: Ich denke, du wirst immer reich sein, ich glaube aber nicht, dass du mal zu Geld kommst" (**www.wochensprueche.de**, "Pinwand").

Wir selbst haben inzwischen gelernt: Die Kunst besteht nicht darin, 52 kluge Sprüche zu erfinden. Die Kunst besteht darin, von 500 netten Sätzen die 450 durchschnittlichen wegzuwerfen - und ein Jahr länger mit der Konzeption des nächsten Buches zu warten, weil dann noch zwei wirklich gute Ideen fehlen. Band 4 also vielleicht erst im Jahr 2003 oder 2004?

Sie werden es unter **www.wochensprueche.de** erfahren!

Peter Hohl — Joaquín Busch

1. WOCHE

Aufmunterung

Seid froh, wenn's schwierig ist.
Die leichten Sachen machen alle,
da ist die Konkurrenz riesig.

Eigene Gedanken

2. WOCHE

Verfahrene Situation

Gibt es wirklich keinen Ausweg - oder traust du dich nur nicht, ihn zu gehen?

Eigene Gedanken

3. WOCHE

SUBJEKTIV

Über unser Wohlbefinden entscheiden nicht die objektiven Umstände, sondern was wir darüber denken. Wäre es anders, müssten alle, die nicht blind und nicht querschnittsgelähmt sind, den ganzen Tag jubeln. Sollten wir nicht ebensoviel Aufmerksamkeit auf unsere Gedanken verwenden wie auf unsere Lebensumstände?

Eigene Gedanken

4. WOCHE

Kein Genie

Ein Test hat ergeben, dass
ich intelligenter bin als 99,9%
aller Menschen.
Klingt großartig.
Aber es bedeutet:
Mindestens 6 Millionen
sind intelligenter als ich.

Eigene Gedanken

5. WOCHE

Verkannte Fülle?

Wer weiß denn, ob nicht der dreiblättrige Klee das Glück bringt?

Eigene Gedanken

6.

Positiv

Wer es einmal geschafft hat, seine Sehnsucht Vorfreude zu nennen, der kann nie wieder richtig unglücklich sein.

EGYPT
FOREVER

7.

Unsensibel

Manche Menschen definieren Fettnäpfchen ganz sachlich als 'Gefäße für Ester des Glyzerins mit 1 bis 3 Molekülen Fettsäure'.

Und tappen prompt hinein.

8.

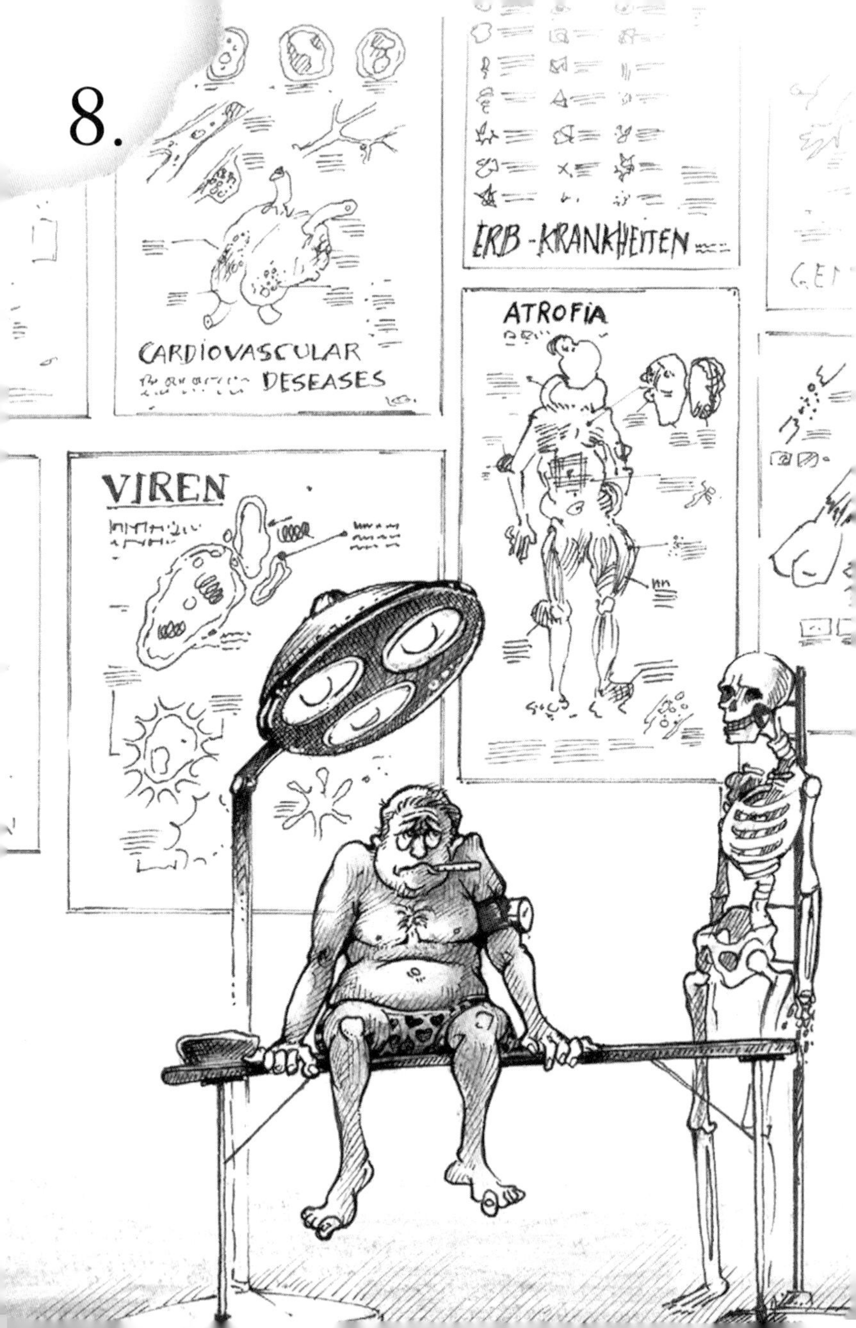

Ungleichgewicht

Wie ungerecht, dass man Tausende von Krankheiten haben kann, aber nicht einmal zwei Gesundheiten.

Eigene Gedanken

9.

Eigenleistung

Der Einzige, der mich wohlfühlen kann, bin ich selbst. Wieso mache ich andere dafür verantwortlich?

10. WOCHE

König Kunde?

Nur wo das Geld regiert, ist der Kunde König. Wo Waren knapp sind, ist der Lieferant ein Fürst.

11.

Menschenführung

Ich habe versucht, ein Auto auf einen
Berg zu bringen.
"Geh auf den Berg", habe ich befohlen.
Aber es rührte sich nicht vom Fleck.
Also schieben!
Aber als ich eine Sekunde aufhörte,
rollte es zurück.
Dann habe ich geschaut, ob es einen
Motor hat - und einen passenden
Schlüssel gesucht und einen zündenden
Funken erzeugt.
Nun fuhr es ganz mühelos von selbst.

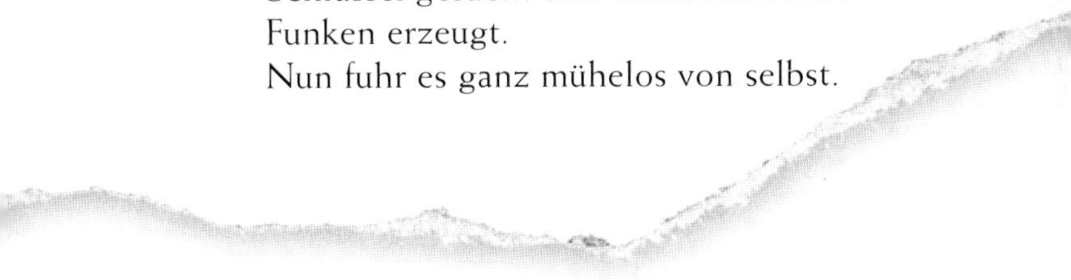

12.

Charakterlos

Auch umgekehrt stimmt's manchmal:
Wer das sinkende Schiff verlässt,
ist eine Ratte.

13.

Nur Mut!

Wer keinen neuen Anfang wagt,
dem bleibt nur das alte Ende.

14.

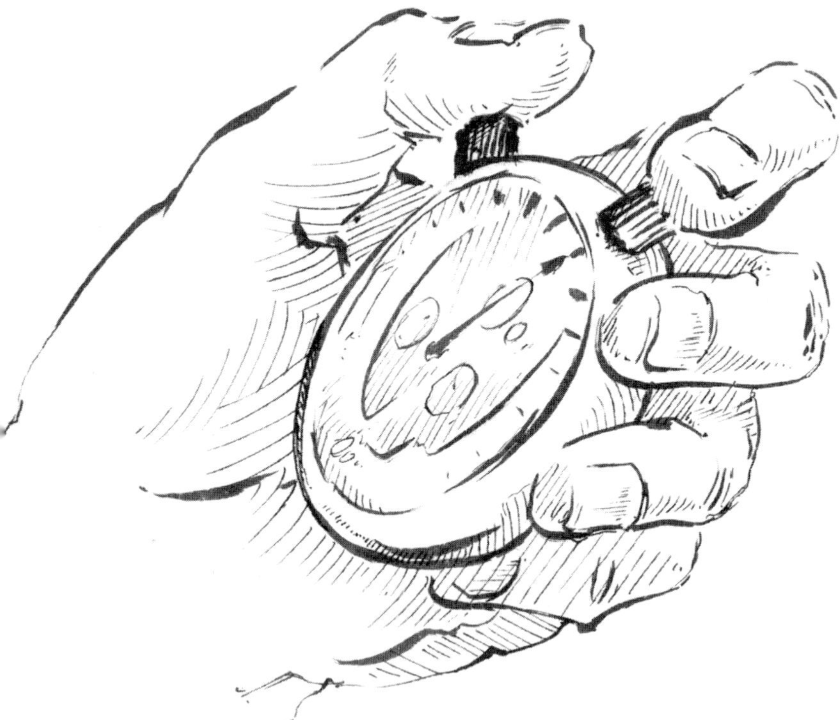

Neue Sprichwörter

Auch ein Wandel der Sprichwörter kann ein Zeitalter kennzeichnen. Früher sagte man "Eile mit Weile". Heute heißt es "Wer zu spät kommt, den bestraft das Leben".

15. WOCHE

EGAL

Es ist ganz gleichgültig,
ob der Rest Bier im Ausguss
verdirbt oder in meinem Magen.
Ich würde es niemals austrinken,
nur weil es bezahlt ist.

16.

Kurze Grenze

Unser Wissen ist eine Insel
im Meer des Unbekannten.
Besitzer kleiner Inseln neigen
zu der Meinung, hinter dem
bisschen Strand könne doch
nicht viel Meer sein.

Eigene Gedanken

17.

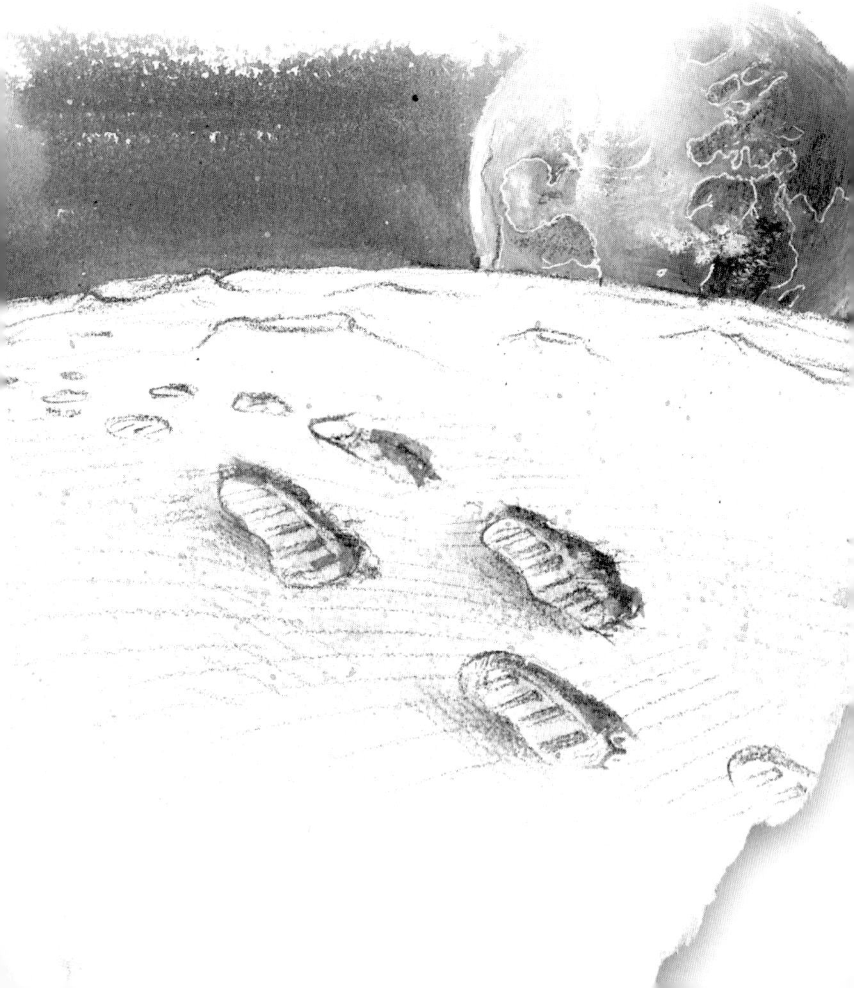

Verhältnismäßigkeit der Mittel

Alles ist möglich.
Wenn man es ohne Rücksicht
auf den Aufwand erreichen will.

18.

Wenig einladend

Bevor ein Zug abfährt, schnarrt ein Lautsprecher: "Zurückbleiben". Wenn ich mich recht erinnere, rief früher der Schaffner: "Bitte einsteigen." Ob die bei der Bahn den Unterschied schon bemerkt haben?

Eigene Gedanken

19.

Viele Wahrheiten

Der Himmel ist blau.
Das ist die Wahrheit.

Der Himmel ist nicht blau.
Die Luftmoleküle streuen lediglich
den Blau-Anteil des Sonnenlichts
stärker als die übrigen Spektralfarben.
Das ist die Wahrheit.

Es gibt in der Außenwelt überhaupt
kein Blau. Es gibt elektromagnetische
Wellen der Wellenlänge 470 Nano-
meter, die unser Hirn dazu bringen,
sich Blau vorzustellen.
Auch das ist die Wahrheit.

Und wenn ich all das weiß und an
einem schönen Tag den Blick hebe,
dann ist der Himmel immer noch blau.

20. WOCHE

Halbe Wahrheit

Wenn alle Aktien steigen,
triffst du viele Leute, die glauben,
sie seien begnadete Börsenexperten.

21.

Wenig Gegenwart

Neulich traf ich einen, der hatte ganz gegensätzliche Fähigkeiten: Die eine Hälfte seiner Zeit verbrachte er damit, die Vergangenheit zu bereuen - in der anderen Hälfte sorgte er sich um die Zukunft.

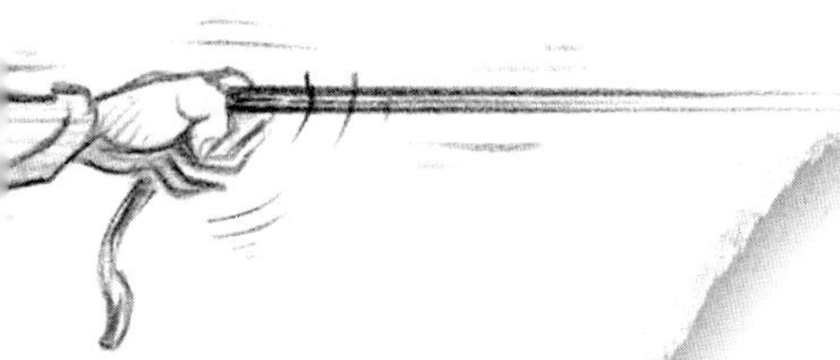

22.

Zu dumm!

Unglücklicherweise muss man klug sein, um Dummheit zu erkennen. Darum bemerkt sie so selten jemand bei sich selbst.

23.

Begrenzter Horizont

Vielleicht hat der Wurm in meinem Komposthaufen eine Ahnung von dem höheren Wesen, das seine Welt erschaffen hat.
Aber er wird an der Weisheit meiner Ratschlüsse zweifeln, wenn ich seine Welt auf meine Beete verteile.

24.

Ein Muss?

Manche Menschen sind so damit beschäftigt, ihr Soll zu erfüllen, dass sie keine Zeit mehr für ihr Will haben.

25. WOCHE

Abfallwirtschaft

Der vielleicht folgenschwerste Irrtum der Menschheit ist der Glaube, dass etwas aus der Welt verschwindet, wenn man es nur ausreichend verdünnt.

26.

Regelorientiert

Es gibt wirklich Menschen, die setzen sich in einem völlig freien Eisenbahnwaggon auf ihren reservierten Platz, weil sie für die Reservierung bezahlt haben, und zürnen dem Reisebüro, weil sie Rückwärtsfahren nicht vertragen.

Eigene Gedanken

27.

Zu wertvoll

Wenn ich nur noch einen Monat zu leben hätte - wieviel Zeit würde ich dann für Konventionen verwenden? Für den Umgang mit Arroganz und Dummheit? Für vermeintliche Verpflichtungen?

Moment mal! Wer gibt mir eigentlich eine Garantie dafür, dass ich noch länger lebe als einen Monat?

28.

Hauptinteresse

Der Journalist liest in der
druckfrischen Zeitung zuerst
seinen eigenen Artikel;
der Sportler sucht den Bericht
über seine Mannschaft.
Nicht, was wir nicht wissen,
interessiert uns am meisten,
sondern was uns betrifft.

29.

Informationsvorsprung

Auch schlechte Nachrichten können wertvoll sein - wenn man sie früher hat als die anderen.

Eigene Gedanken

30. WOCHE

Entweder oder

Wer einfache Lösungen verlangt, muss auf Gerechtigkeit verzichten. Wer Gerechtigkeit verlangt, muss in Kauf nehmen, dass es kompliziert wird.

Eigene Gedanken

31.

Verschwendungsgefahr

Ich habe mit großer
Wahrscheinlichkeit
nur dieses eine Leben.
Warum sollte ich es damit verbrin-
gen, anderen
Leuten deren einziges
Leben schwer zu machen?

32.

Das Chaos

Ergebnis der Rechtschreibreform

Das Chaos hat auch etwas Gutes: Jeder schreibt wie er will. Und alle verstehen, was er meint.

33.

Zu grundsätzlich

Wir könnten viel mehr erreichen, wenn wir die Leute nicht immer auch noch erziehen wollten.

34.

Auch Nehmen ist wichtig

Niemand kann eine glänzende Rede halten, wenn keiner zuhört. Niemand kann großzügig sein ohne jemanden, der seine Geschenke annimmt.

35. WOCHE

Adressat unbekannt

"Man müsste mal ..." hat fast nie etwas bewirkt. Darum versuche ich es jetzt entweder mit "Könntest du bitte ..." oder mit "Ich werde ..."

36.

Motive

Aus Angst tue ich nur etwas,
solange die Angst andauert.
Freude wirkt dagegen auch,
wenn ich mich an sie erinnere
oder auf sie hoffe.

37.

Zu wenig Hirn

Manche Menschen glauben ernsthaft, in dieser Welt existiere nur das, was sie mit ihren knapp 2 kg Gehirn erfassen und nachweisen können.
Sie halten sich interessanterweise für besonders gescheit.

Eigene Gedanken

38.

Grundkenntnisse

Wer eine Ahnung von Psychologie hat, merkt wenigstens im nachhinein, wenn er jemanden falsch behandelt hat. Ohne diese Kenntnis führt der Mensch seine Erfolglosigkeit gern auf die Fehler der anderen zurück.

39.

Nicht nur Höhenflüge

Du musst auch durch Tiefen gehen können, wenn du Tiefe gewinnen willst.

40. WOCHE

Hinweis für Pedanten

Früher habe ich sehr sorgfältig die Straße gefegt, damit sie aussieht wie vor einer Minute gereinigt.
Aber schon am nächsten Tag sah sie aus wie gestern gefegt.
Jetzt mache ich das gleich so, wie es am nächsten Tag aussehen würde.
Und gönne mir in der gewonnenen Zeit irgend etwas Erfreuliches.

Eigene Gedanken

41.

Rezept für Chefs

Dafür dass gut gearbeitet wird, ist in einer erfolgreichen Firma derjenige verantwortlich, der die Arbeit macht.
Sein Vorgesetzter hat dafür zu sorgen, dass er das gern tut.

42.

Schwere Wahl

Manchmal fragt man sich:
Soll man Kinder zu anständigen
Menschen erziehen - oder sie
lieber auf das Leben vorbereiten?

43.

Gehorchen lernen

Früh krümmt sich, was ein Würmchen werden will.

44.

Noch Zeit

Wenn jemand meine Tante auf den Tod anspricht, pflegt sie zu antworten: "Sterben? Das mach ich erst ganz am Schluss."

45. WOCHE

Zu kurz?

Vergeude nicht die Zeit,
die du hast,
um dich über die Zeit zu beklagen,
die du nicht hast.

46.

"NEIN" UND "NICHT"

Verräterische Sprache:
Welch kurzer Weg von der
Verneinung zur Vernichtung!

Eigene Gedanken

47.

Nichts zu bereuen

Ich habe Menschen kennengelernt, deren Lebensziel es ist, nichts bereuen zu müssen. Sie lassen keine Zuneigung zu, weil sie enttäuscht werden könnten. Sie tanzen nicht, weil sie nicht schwitzen wollen. Und sie sagen nichts, weil es verkehrt sein könnte.
Sie erreichen ihr Ziel: Es gibt in ihrem Leben nichts - also auch nichts, was sie bereuen müssten.

48.

Fehlerbehandlung

Für mich gibt es einen Riesenunterschied zwischen Fehlern, die schon gemacht sind, und solchen, die man noch vermeiden kann.

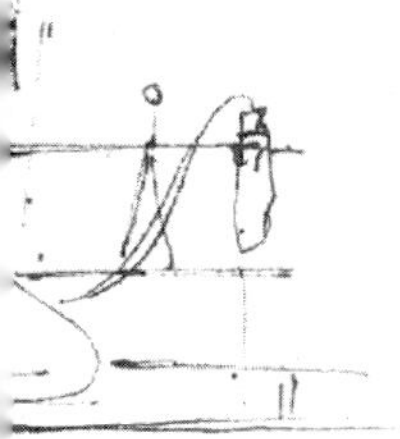

49.

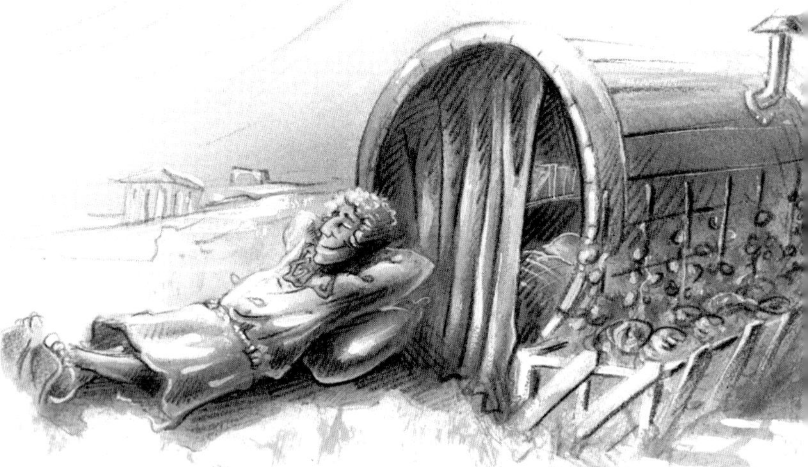

Zwei Wege zum Reichtum

Reich bin ich, wenn ich mir mehr leisten könnte als ich haben will. Reich ist also auch, wer weniger haben will als er sich leisten könnte. Oder?

50. WOCHE

Mehr als Toleranz

Wer tolerant ist, hält sich selbst für besser ("Herr, ich danke dir, dass ich nicht bin wie dieser da. Aber in meiner großen Güte dulde ich ihn neben mir"). Tolerare heißt nur "erdulden" oder "ertragen". Wie wäre es stattdessen mit Akzeptanz oder sogar Respekt vor dem Andersartigen?

Eigene Gedanken

51.

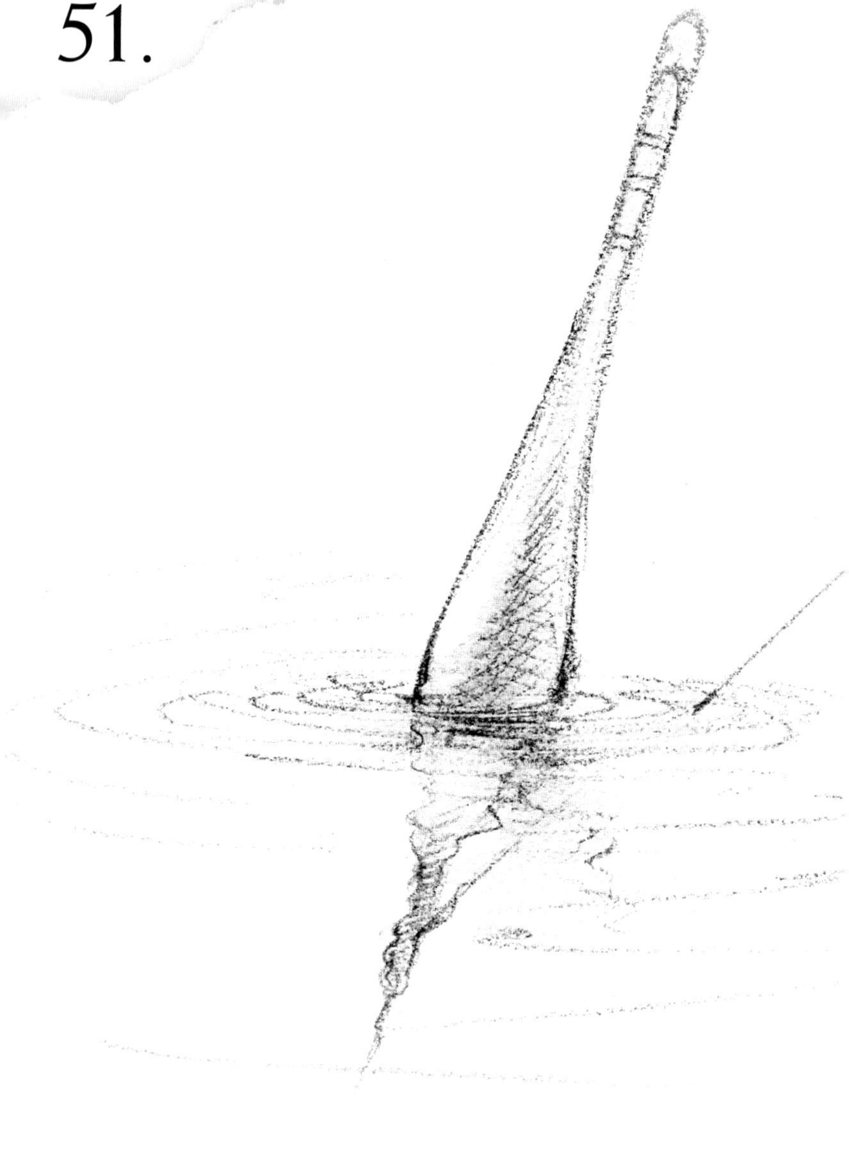

Schwimmender Nullpunkt

Auf der Skala unseres
Wohlbefindens pendelt
sich der Nullpunkt nach
einer Weile immer da ein,
wo wir gerade sind.
Darum brauchen die einen
ständig mehr von allem,
während für andere
ein schmerzfreier Tag
das höchste Glück ist.

Eigene Gedanken

52.

Ohne Fee

Früher habe ich auf eine Fee gewartet, die mir einen Wunsch erfüllt. Heute weiß ich: Ich muss nur genau genug wissen, was ich mir wünsche, um es ganz ohne Fee zu erreichen.

Aus derselben Feder:

Das legendäre erste Sprüchebuch von Peter Hohl und Joaquín Busch, aus dem einige Sätze inzwischen schon sprichwörtlich geworden sind.

Häufig zitierte Aphorismen wie "Die am eifrigsten Raupen bekämpfen, klagen manchmal am lautesten, dass es keine Schmetterlinge mehr gibt" oder "In meiner Haut bin ich der Wichtigste und Wertvollste. Leider wohnt da sonst keiner, der das auch findet" oder eben "Lieber ein Optimist, der sich mal irrt, als ein Pessimist, der dauernd recht hat", haben ihren Ursprung in diesem Buch.

112 Seiten, € 8,60
ISBN 3-922746-60-8.
Überall im Buchhandel
(KNOE – KV – Libri – KÖ – Umbreit)

Ein paar Stichworte aus den Leserstimmen zum zweiten Sprüchebuch (ausführlicher unter **www.wochenspruech e.de/feedback.htm**): "Geistig, sprachlich und optisch ein Hochgenuss!", "von außergewöhnlichem Niveau", "philosophisch fetzig frech", "ein Bonbon fürs Gemüt", "erfrischend", "genial", "originelle Geistesblitze", "intelligente Einsichten", "wir genießen es immer wieder unheimlich!", "so viel Intelligentes, Liebenswertes und Lebensnahes", "feinsinnige Beobachtungsgabe", "nie oberlehrerhaft", "eine Köstlichkeit", "Lebensweisheit vortrefflich dargereicht", "ein Vergnügen für Herz und Hirn!"

112 Seiten, € 8,60
ISBN 3-922746-61-6.
Überall im Buchhandel
(KNOE – KV – Libri – KÖ – Umbreit)

PERSONENBESCHREIBUNG

Peter Hohl, geb. 29.7.1941 bezeichnet sich selbst als reich und glücklich ("...weil ich alles, was ich nicht habe, auch nicht brauche"). Der gelernte Journalist hat für Tageszeitung, Rundfunk und Fernsehen gearbeitet, bevor er sich als Verleger selbstständig machte. In seinem hochspezialisierten Sicherheitsverlag sind die Sprüchebücher - ursprünglich ein belletristischer Seitensprung - inzwischen die unangefochtenen Bestseller.

Joaquín Busch, geb. 9.3.1969 in Buenos Aires ist nicht nur Illustrator, sondern auch Koautor. Er spricht ebenso gut deutsch wie spanisch, und seine kritischen Rückfragen haben oft dazu geführt, dass ein Spruch noch in letzter Minute präzisiert wurde. Der studierte Kommunikationsdesigner, war an der Gestaltung eines vielbeachteten Pavillons auf der Expo 2000 in Hannover beteiligt, er hat Lehrbücher illustriert und Werbung gestaltet - und alle bisherigen Sprüchebücher mit seinen unverwechselbaren Zeichnungen anschaulich und einprägsam gemacht.